TRANSKAUKASIENS MITTELALTERLICHE KUNST

UND DIE ROMANIK EUROPAS

EDITH NEUBAUER

TRANSKAUKASIENS

MITTELALTERLICHE KUNST

UND

DIE ROMANIK EUROPAS

Bibliografische Information Der Deutschen Bibliothek:
Die Deutsche Bibliothek verzeichnet diese Publikation in der Deutschen
Nationalbibliografie; detaillierte bibliografische Daten sind im Internet über
http://dnb.gdb.de abrufbar.

© 2007 Edith Neubauer

Herstellung und Verlag: Books on Demand GmbH, Norderstedt

Printed in Germany

ISBN-13: 9783833497599

Die Abbildungen auf dem Cover :

Links: Armenien, Achtamar, Engelrelief (915--921)

Rechts: Toulouse, St. Sernin, Engelrelief (Ende 11.Jh.)

Abbildungen: Archiv Edith Neubauer

Inhalt

Einleitung

Mitteleuropäische Romanik und transkaukasische mittelalterliche christliche Kunst bildeten zunächst relativ unabhängig voneinander meine Hauptforschungsgegenstände. Fast vier Jahrzehn - te Beschäftigung mit diesen Sujets lehrten mich aber mit der Zeit, ihre Berührungspunkte immer deutlicher wahrzunehmen, sodass ich im Endergebnis zu begründeten Schlussfolgerungen kommen konnte. Ausgangspunkt für die Studien zur Kunst in den südlichen Ländern des Grossen Kaukasus war mein Forschungsauftrag an der Akademie der Wissenschaften zu Berlin (DDR), die mittelalterlichen Portalarchitekturen und skulptierten Tympana in Sachsen und Thüringen zu bearbeiten. Auf vergleichbare Parallelen in Armenien und Georgien machte mich die Moskauer Architektin Swetlana Regame aufmerksam. Daraufhin unternahm ich 1962 eine

7

erste Erkundungsreise in diese beiden Länder. Dieser Kontakt eröffnete mir sehr bald ein lohnendes Gebiet für meine wissenschaftliche Arbeit, die sich allmählich so erweiterte, dass meine Forschungen offiziell in meinen Auftrag an der Akademie der Wissenschaften integriert wurden. Das schuf die Basis für eine langjährige Zusammenarbeit mit den georgischen Kollegen. Der Direktor des Instituts für Geschichte der Georgischen Kunst, Georg Tschubinaschwili, hatte 1907 in Halle, Leipzig und München Philosophie und Kunstgeschichte studiert und sprach deutsch. Vielen anregenden Gesprächen mit ihm verdanke ich die optimale Auswahl und den direkten Zugang zu den für mich besonders wichtigen kunsthistorischen Objekten. Auf den zahlreichen Exkursionen im Lande mit René Schmerling, Natela Aladaschwili, Malakia Dwali und anderen Kollegen profitierte ich von deren umfassenden Kenntnissen der georgischen mittelalterlichen Kunst. So ebneten mir günstige Umstände die Wege, und ich begann ausgehend von den Portalarchitekturen nach weiteren Analogien in den Werken der mittelalterlichen Kunst Georgiens und der romanischen Kunst Mitteleuropas zu suchen.

Nach dem Tode von Prof. Tschubinaschwili übernahm Prof. Wachtang Beridse das Institut als Direktor. Unter seiner Leitung setzte sich die glückliche Zusammenarbeit fort. Seine erweiterten Zielsetzungen wie die Erforschung der Beziehungen zu Europa kamen mir sehr entgegen. Zu diesem Zeitpunkt hatte ich Untersuchungen zu den regionalen Unterschieden zwischen georgischer und armenischer Kunst in Bezug auf die Architekturformen der Basiliken beendet. Zunehmend richtete sich nun mein Interesse auf die frühchristliche Kunst und die Kunst des byzantinischen Reiches. Erst auf Grund dieses erweiterten Blickfeldes erschlossen sich mir die großen Zusammenhänge, die ich in meinem dritten Artikel versucht habe darzulegen. Spätere Reisen nach Frankreich, das Kennenlernen der Architektur und Bauplastik des Mittelalters in Burgund, der Auvergne und der Region Midi-Pyrénees bestärkten meine bisherigen Überlegungen, dass die Hauptphänomene epochaler Stilentwicklungen in der Kunst international verlaufen und nicht allein aus regionalen Voraussetzungen zu erklären sind.

Der zweite Vortrag fällt aus dem Rahmen meines stark auf Architektur und Bauplastik ausgerichteten Interesses. Es geht um das unterschiedliche Marienverständnis der Ost- und Westkirche, das mich von jeher stark beschäftigte. Insbesondere belegt dieses Thema wie grundsätzlich sich transkaukasische und mitteleuropäische theologische Auffassungen in Bezug auf Maria unterscheiden. Interessant ist, dass es trotzdem vor allem bei den szenischen

Darstellungen aus dem Marienleben im romanischen Westen formale Übernahmen von Details der im Osten entwickelten Bildvorlagen gibt.

Meine drei Vorträge stehen in Zusammenhang mit georgischen und armenischen Symposien in Bonn, Berlin und London. Der erste Vortrag erschien im Mitteilungsblatt der Berliner Georgischen Gesellschaft im Mai/Juni Heft 2004. Der zweite Vortrag, der im Rahmen der Berliner Georgischen Gesellschaft gehalten wurde, soll ebenfalls demnächst im Mitteilungsblatt abgedruckt werden. Der Londoner Vortrag blieb bis heute unveröffentlicht und bildete den Hauptgrund für das Entstehen dieses Bandes, der meinen Kollegen und Freunden sowie allen Interessierten an der transkaukasischen mittelalterlichen Kunst meine wesentlichen Forschungsergebnisse zur Kenntnis bringen soll.

Für die kritische Durchsicht des Manuskripts und für zahlreiche Hinweise danke ich vielmals meinem Mann Dr. Alfred Neubauer. Frau Petra Neumann und Herrn Maik Koschade gilt mein Dank für die Hilfe bei der Herstellung der Druckvorlage.

Edith Neubauer, Berlin

Zur Geschichte der Erforschung der mittelalterlichen Architektur Georgiens

In Georgien entstanden während des Mittelalters hunderte sakraler und profaner Bauten von unverwechselbarer eigenständiger Prägung und hohem künstlerischen Rang. Die sakralen Bauten waren von mitteleuropäischem Blickpunkt aus durch ihre Vorwegnahme romanischen Formenguts, ihrer Antizipation der Romanik besonders attraktiv. Für Georgien ist dieses reiche mittelalterliche Erbe ein Zeugnis seiner hohen kulturellen Leistungsfähigkeit.

Einen Teil meines Beitrages zum Deutsch-Georgischen Symposium werde ich dazu nutzen, über deutsch-georgische Beziehungen auf kunsthistorischem Gebiet zu sprechen, die sich auf die Erforschung der mittelalterlichen georgischen Architektur richteten. Ich beginne mit dem frühen 20.Jahrhundert, genau mit dem Jahr

13

1918, mit dem sich zwei bedeutende Ereignisse für die Erforschung der georgischen Kunst verbinden:

1. Die Schaffung eines Lehrstuhls für Kunstgeschichte an der Universität in Tbilissi. Berufen wurde als Lehrstuhlinhaber der 1885 in St. Petersburg geborene Georgier Georg Tschubinaschwili (Abb.1). Er war damals 33-jährig, hatte in Deutschland studiert und promoviert und gehörte seit 1914 zum Mitarbeiterstab der St. Petersburger Fakultät für Orientforschung

2. Die Herausgabe eines Buches, das zunächst wenig mit Georgien zu tun zu haben scheint. Es handelt sich um das spektakuläre zweibändige Werk, das der Wiener Kunsthistoriker Josef Strzygowski 1918 an der Universität Wien herausgab. Der Titel lautet: "Die Baukunst der Armenier und Europa". Diese zwei Bände vermitteln auf der Basis eines reichen

Faktenmaterials einen Überblick über die armenische mittelalterliche Baukunst. In sehr geringem Umfang werden auch georgische mittelalterliche Bauten vorgestellt. Offensichtlich hatte Strzygowski als Gast des armenischen Architekturfachmanns Toramanjan nur einen kurzen Abstecher nach Georgien unternommen. Strzygowski war von der armenischen Baukunst so beeindruckt, dass er ihr eine führende Rolle in der Entwicklung der gesamten frühchristlichen Kunst zuwies und selbst die byzantinische Kunst bei der armenischen in die Lehre gehen ließ. Der große Fortschritt derartiger Ideen lag in der Abkehr vom Europazentrismus, von der Auffassung, dass alle europäische Kunstentwicklung auf die griechische und römische Kunst zurückzuführen sei. Verhängnisvoll war Strzygowskis Urteil über die georgische mittelalterliche Baukunst, die er abschätzig als Ableger der armenischen einordnete.

Man hätte erwarten können, dass eine kenntnisreiche und sachliche Auseinandersetzung mit Strzygowskis Thesen einsetzen würde. Da aber keiner der bedeutenden europäischen Kunstwissenschaftler damals diese fernen Gebiete bereiste, blieb Strzygowskis Urteil nahezu unwidersprochen. Nur ein Gelehrter setzte sich 1922 in einer deutschen Fachzeitschrift äußerst kritisch in Gegensatz zu Strzygowski und das war Georg Tschubinaschwili./1/ Aber diese Stimme reichte nicht aus, das Urteil Strzygowskis über die georgische mittelalterliche Baukunst zu revidieren.

Georg Tschubinaschwili war 1907, als er 22-jährig war, nach Deutschland gegangen, um Philosophie zu studieren. Bis zum Ausbruch des 1.Weltkrieges lebte er in Leipzig und Halle und kurze Zeit in München. Er hörte philosophische und kunstgeschichtliche Vorlesungen. In München lernte er bei dem hervorragenden deutschen Kunstwissenschaftler Heinrich Wölfflin dessen revolutionäre formanalytische, auf dem Wandel optischer Schemata beruhenden Methoden zur Lösung von Periodisierungsfragen kennen, ein Instrumentarium, das Tschubinaschwili in den folgenden Jahrzehnten erfolgreich bei der Datierung mittelalterlicher georgischer Baudenkmäler einsetzte. 1914 kehrte Tschubinaschwili nach St. Petersburg zurück. In der Fakultät für Orientforschung arbeitete er in der Georgisch-Armenisch-Persischen Sektion, die damals der in Kutaisi geborene namhafte Kaukasusforscher und Sprachwissenschaftler Nikolai Jakowlewitsch Marr leitete, der die Forschungsunternehmen deutscher und französischer Reisender und Forscher im Kaukasus nach alter Petersburger Tradition mit Rat und Tat unterstützte. Bei Ausgrabungen in der altarmenischen Hauptstadt Ani entdeckte Georg Tschubinaschwili sein Interesse an der kaukasischen mittelalterlichen Baukunst. Von da an führte der junge Gelehrte wissenschaftliche Expeditionen in viele georgische Landesteile zur Bestandsaufnahme und Vermessung der Denkmäler durch und trat mit ersten Veröffentlichungen über die georgische mittelalterliche Baukunst an die Öffentlichkeit.

1934 gab Tschubinaschwili in Tbilissi den 2.Band seiner „Untersuchungen zur Geschichte der Georgischen Baukunst. Die Kirche in Zromi und ihr Mosaik" in deutscher Sprache heraus. 1948 folgte in russischer Sprache mit französischem Resümee Band 1 „Die Kirchen vom Typ Dschwari". In einer Publikation von 1929 aus dem Benno-Vilser Verlag Augsburg wird für Tschubinaschwilis Band 1 Reklame gemacht, er sei in Vorbereitung. Aber erschienen ist dieser Band nicht. Es ist der Initiative von Hans-Jürgen Drengenberg von der Freien Universität Berlin zu verdanken, dass 200 Seiten deutscher

Druckfahnen dieses vor 65 Jahren verfassten Textes 1994 in einem Archiv in Tbilissi gefunden wurden. Eine postume Edition in Deutschland ist in Aussicht gestellt./2/

Das Institut für Geschichte der Georgischen Kunst an der Akademie der Wissenschaften der Georgischen Sozialistischen Sowjetrepublik wurde 1941 gegründet, als Direktor wurde Georg Tschubinaschwili berufen. Bis zu seinem Tode im Jahre 1973, also 32 Jahre lang, leitete er diese Forschungseinrichtung. Namhafte Gelehrte gehörten zum Kreis seiner Mitarbeiter, von denen Schmerling, Beridse, Mepisaschwili und Zinzadse als Mediävisten über die Grenzen ihres Landes hinaus bekannt wurden.

Erst lange nach dem 2.Weltkrieg wurden die seit den dreißiger Jahren abgebrochenen Beziehungen zwischen der deutschen und der georgischen Kunstwissenschaft wieder belebt. 1959 erhielt Georg Tschubinaschwili anlässlich der 500-

Jahrfeier der Leipziger Universität die Ehrendoktorwürde. Johannes Jahn, der damalige Lehrstuhlinhaber für Kunstgeschichte, hatte den Antrag gestellt. Die Bekanntschaft zwischen Jahn und Tschubinaschwili reicht vermutlich ins Jahr 1913 zurück, als Jahn ein Studium an der Philosophischen Fakultät der Leipziger Universität aufnahm. Ausgehend von Studien zu romanischen Tympana und Portalarchitekturen in Sachsen und Thüringen, angeregt durch die Moskauer Architektin Swetlana Regame, die mich auf analoge Formen in Armenien und Georgien aufmerksam machte, reiste ich 1962 im Auftrage der Akademie der Wissenschaften zu Berlin zum ersten Mal nach Armenien und Georgien. Von den Gastländern wurde ich äußerst freundschaftlich empfangen. Georg Tschubinaschwili lernte ich bei meiner zweiten Reise nach Georgien im Jahre 1965 kennen. War der

Georgier Tschubinaschwili vor mehr als 50 Jahren Schüler des deutschen Kunstwissenschaftlers Heinrich Wölfflin gewesen, so trat jetzt eine junge deutsche Kunstwissenschaftlerin aus der DDR in ein Schülerverhältnis zum Nestor der georgischen Kunstwissenschaft Georg Tschubinaschwili. Aus den Gesprächen mit ihm und einem an mich im Jahre 1966 gerichteten Brief wurden für mich die wesentlichen Aufgaben bei der Erforschung der georgischen mittelalterlichen Baukunst sichtbar:

1. Untersuchungen zu den nationalen Sonderheiten Armeniens und Georgiens in der Baukunst.

2. Die Heraushebung der Dschwari-Kirche in Mzcheta als einem ganz wesentlichen Denkmal der ersten Blütezeit.

3. Weitere kritische Diskussion der paradigmatischen Publikation Strzygowskis.

4. Die Erforschung der georgischen mittelalterlichen Baukunst nach vorurteils-

freien, präzisen wissenschaftlichen
Kriterien.

Tbilissi, 7.I.1966.

Sehr geehrte Frau Dr. Neubauer!

In Beantwortung Ihres Briefes vom 7.12.65, die ich bis heute vertagen mußte wegen einer byzantinischen Konferenz, die in Tbilissi abgehalten wurde, ist zu sagen, daß das Buch von Čabaschwili vom Institut Ihnen überreicht und dies wohl aus Versehen nicht klar genug ausgedrückt war. — Daß nur ein ein georgischer Text beim Album georgischer Goldschmiedewerke vorhanden war, ist uns sehr unangenehm. Ich habe bereits angeordnet, daß jetzt ein oder mehrere anderssprachliche Texte abgesandt würden.

Die Datierung von Odsun ins 8. Jh. scheint mir begründet zu sein beim Vergleich mit Kirchen dieses Typs wie hl. Gajane, Kathedrale in Mrea, Kirche des Täufers in Bagawan, die eine chronologische Reihe bilden, u. a. und andererseits bei Berücksichtigung der Mitteilung des armenischen Geschichtsschreibers des 13. Jhs Kirakos Gandsaketzi, der direkt als Bauherr der Kirche den Katholikos Armeniens Johann Odsnetzi (aus Odsun) mit dem Beinamen „der Philosoph" (717-728) nennt, der „in seinem Orte Odsun eine große Kirche" erbaut hatte. Es ist keine Veranlassung diese Angabe unberücksicht bei Seite zu schieben, da auch stilistische Momente darauf weisen; und der Bau selbst ist so einheitlich und aus einem Fuß gebaut, daß man an keinen Umbau denken mag.

Was die Kirche von Mastara anlangt, so scheint mir ihre Erbauungszeit besser ins 9. Jh. angebracht

22

zu sein, als das von anderen Forschern angenommene ins 7. Und zwar aus folgenden Gründen. Derselbe Bautypus wird nicht nur in Artik wiederholt (undatiert, aber in Vielem deutlich zeitlich spät), sondern auch noch in Woskepar (etwa gleichzeitig mit Mastara), in der Apostelkirche von Kars, die vom König der Provinz Kars Abbas (928–952) erbaut wurde und in der Gregorkirche des Klosters Haridsha (gegen 970). Es scheint mir geboten mit diesen beiden datierten Kirchen die übrigen durch ihre architektonischen Formen chronologisch zu verbinden. Die Ornamentmotive setzen sich zusammen aus althergebrachtem Gut und aus neuentworfenen und finden Parallelen in fest datierten Bauten wie Schirakawan vom Ende des 9. Jhs. Die Inschriften sind teilweise, wie die an der Süd= und Ostfassade in denselben Steinquadern mit den Ornamentstreifen zusammen geschnitzt (z. B. zu sehen Abb. 39 bei Strzygowski), aber auch an der Westfassade in die Inschrift im weiten Rahmen angebracht (Abb. 256) mit demselben einheitlich komponiert.

Die von Ihnen vermerkte Schwierigkeit, die Denkmäler armenischer Baukunst chronologisch auseinanderzuhalten, ist in der Tat sehr groß. Ist aber unentbehrlich notwendig.

Von den Ihnen erwünschten Photos konnte ich nur die beigelegten Stücke auftreiben.

Wie Sie bemerken, bestehen viele Gemeinsamkeiten in der Bautätigkeit Georgiens und Armeniens, aber wichtiger ist es die nationalen Sonderheiten zu bestimmen, wie Sie an den Beispielen von Awan und Ashwari bemerkt haben. Strzygowski ist nicht allein in dem Verkennen der Originalität georgischer Baukunst schuld, aber immerhin ist sein großes Werk eigentlich die einzige Quelle, aus der man in der wissenschaftlichen Literatur Kenntnis schöpf (vgl. A. Grabar, S. Guyer, H. Thümmler u.a.)

Daher sehe ich Ihre Bemühungen in diesen Fragen mehr kritischer Einsicht zu vermitteln, als sehr erwünscht und nützlich.

Mit den besten Grüßen

Georg Tschubinaschwili

(Brief von Georg Tschubinaschwili an Edith Neubauer vom 07.01.1966)

Der Brief verdeutlicht auch, dass zu diesem Zeitpunkt für die georgischen Kunstwissenschaftler Fragen der Eigenständigkeit der georgischen mittelalterlichen Architektur so vorrangig waren, dass Probleme der Rezeption fremder Einflüsse oder Wechselwirkungen zwischen der georgischen mittelalterlichen Architektur mit baukünstlerischen Leistungen in anderen Ländern kaum zur Diskussion standen. Mir als Ausländerin drängten sich aber gerade diese Fragestellungen so zwingend auf, dass sie zu Schwerpunkten meiner Arbeit wurden. Es gab anfangs eine gewisse Zurückhaltung von Seiten der georgischen Kollegen gegenüber solchen Bemühungen, denn man sah darin eine Schmälerung der großen Bedeutung ihres nationalen Erbes.

Das Staunen mitteleuropäischer Kunstwissenschaftler über die Vorwegnahme romanischer Bauformen in Transkaukasien fand 1967 seinen theoretischen Ausdruck in einer Publikation des österreichisch-deutschen Kunstwissenschaftlers Hans Sedlmayr, lange Zeit Lehrstuhlinhaber für

Kunstgeschichte in Wien und mit Strzygowskis Ideen vertraut, dann ab 1951 in München. In seinem Beitrag „Östliche Romanik. Das Problem der Antizipation in der Baukunst Transkaukasiens" wandte er sich Strukturproblemen der georgischen, armenischen und mitteleuropäischen Baukunst zu, ohne allerdings die kaukasischen Baudenkmäler persönlich zu kennen.

In den siebziger Jahren bahnten sich engere wissenschaftliche Kontakte zwischen mitteleuropäischen, armenischen und georgischen Kunstwissenschaftlern an. Was Georgien betrifft, so hat vor allem Wachtang Beridse (Abb.2), der Nachfolger Tschubinaschwilis im Amt des Direktors des Akademieinstituts für Geschichte der Georgischen Kunst, die internationale Kooperation gefördert und viele ausländische Kollegen bei ihren Studien vor Ort unterstützt. Nach meiner Berufung zum Dozenten an die

Leipziger Karl-Marx-Universität im Jahre 1976 setzte ich meine Studien zur mittelalterlichen georgischen Kunst fort und lud Prof. Wachtang Beridse und zwei seiner Mitarbeiterinnen, Natela Aladaschwili und Rusudan Kenia, zu Vorlesungen über die mittelalterliche Kunst Georgiens am Fachbereich Kunstwissenschaft der Leipziger Universität ein. Diese Vorlesungen weckten bei zwei Studenten, Mario Titze und Andrea Dietrich, so anhaltendes Interesse, dass sie vierwöchige Studienaufenthalte am Institut für Georgische Kunstgeschichte absolvierten und Semesterarbeiten zur Georgischen Kunst vorlegten./4/

Seit 1976 erschienen Buchveröffentlichungen über altgeorgische Baukunst in dichter Abfolge in deutschen Verlagen. In Italien beschäftigte sich vor allem Alpago-Novello mit georgischer mittelalterlicher Baukunst. Wesentliche Beiträge in Form von Artikeln lieferten Deichmann, Lafontaine-Dosogne, Velmans u. a. Diese internationalen Bemühungen um die georgische mittelalterliche Baukunst hatten dieses Forschungsgebiet so stark um das Blickfeld auf europäische mittelalterliche Baukunst erweitert, dass es an der Zeit war, ein Forum internationaler Beratung ins Leben zu rufen.

Ab 1974 setzten die internationalen Symposien zur armenischen und georgischen Kunst relativ streng getrennt ein. Den Anfang machte Georgien mit der ersten internationalen Tagung in Bergamo in Italien. Zunächst war der Teilnehmerkreis überschaubar. Es folgten jeweils im Drei-Jahresabstand Symposien - meist in Tbilissi und Jerewan - bis in unsere Tage. So unterschiedlich manche Probleme beurteilt wurden, so einheitlich war das Bewusstsein, dass Georgien ein bedeutendes kulturelles Erbe des Mittelalters besitzt dessen Erhaltung und Erforschung eine würdige gemeinsame Aufgabe darstellt.

Mit der Durchführung der Symposien nahm der Erkenntniszuwachs in Bezug auf die mittelalterliche Baukunst Georgiens Dimensionen an , die es unmöglich machen, in einem Kurzreferat darüber im Detail zu sprechen. Ich verweise auf die Publikationen von Neubauer.- Beridse/Neubauer/Beyer.- Mepisaschwili /Zinzadse/Schrade.- Alpago-Novello/Hybsch.- Gink/ Tompos und die Fachzeitschrift Georgica. /3/ Auf einige ausgewählte Probleme und Ergebnisse will ich jedoch kurz eingehen. Die erste Blütezeit frühchristlicher Baukunst in Georgien reicht vom 4. bis zum 7.Jahrhundert. Am Anfang stehen Saalkirchen, Basiliken, Dreikirchenbasiliken und Zentralbauten. 1970 führte Wachtang Zinzadse Ausgrabungen in der Kathedrale Zweti Zchoweli durch, die aus dem frühen 11. Jahrhundert stammt. Er legte einen hölzernen Saalbau kleinen Ausmaßes aus dem 4. Jahrhundert frei. Neue Forschungen, die auf den Ausgrabungen und intensiver Quellenauswertung basieren, interpretieren diesen Bau überzeugend als frühe Umformung des georgischen Wohnhaustyps Darbasi./4/ Die Ausgrabungen förderten die Fundamente eines zweiten Baus, einer steinernen dreischiffigen Pfeilerbasilika des 5.Jahrhunderts zutage. Die basilikale Bauweise in Georgien knüpft deutlich im 5. und 6. Jahrhundert an kleinasiatische und syrische Vorbilder an, zeigt aber darüber hinaus nationale Besonderheiten wie:

1. Der Bau erhebt sich stets über einem dreistufigen Sockel.

2. Die Anzahl der Joche beläuft sich auf höchstens drei bis vier.

3. Die Tendenz zur Zentralisierung wird deutlich.

4. Seitliche Galerien verstärken den Eindruck der Nord-Süd-Achse.

5. Pfeiler von kreuzförmigem Grundriss und Tonnengewölbe stellen ein in Georgien ausgebildetes System dar.

6. Bauplastischer Schmuck wird verwendet./5/

Eine interessante Variante der Basilika, die nur im frühmittelalterlichen Georgien gebaut wird, erhält von Tschubinaschwili die Bezeichnung Dreikirchenbasilika. Drei tonnengewölbte Kirchenschiffe werden nicht durch offene Arkadenbögen miteinander verbunden, sondern durch massive Wände mit schmalen Türen. Meist besitzen diese Kirchen eine die drei isolierten Schiffe verbindende und oft doppelgeschossig angelegte Westempore (Segani, Ambara). Einen Nachhall dieser eigentümlichen Bauform kann man in der Kirche von Gurdschani in Kachetien sehen, deren komplizierter Grundriss in eine Übergangsperiode des 8./9. Jahrhunderts gehört. Interessant ist eine Studie von Ernst Badstübner, in der er mögliche Zusammenhänge zwischen der georgischen Dreikirchenbasilika und dem Ostbau von Cluny II in Frankreich aufzeigt./6/

Gleichzeitig mit dem basilikalen Bautyp entstehen in Georgien Zentralbauten. Das schönste und berühmteste Denkmal dieser Art ist die Dschwari-Kirche in Mzcheta (586-605) (Abb.3). Die bereits erwähnte Monographie Tschubinaschwilis über die Denkmäler vom Typ Dschwari zeigt eine Entwicklungslinie von einfachen Vorformen bis hin zur voll entfalteten Bauform, womit dieser originelle Bautyp als eigenständig georgisch interpretiert werden kann und nicht als provinzielle Form einer byzantinischen Acht-Pfeiler-Kirche zu werten ist. Um den Bautyp Dschwari, der in Armenien mit den Kirchen Awan und Ripsime in Etschmiadsin vertreten ist, entbrannte ein heftiger Prioritätsstreit. Es liegen aber alle armenischen und georgischen Kirchen dieses Bautyps zeitlich so dicht beieinander, der Denkmälerschwund ist in beiden Ländern gleichermaßen groß und die Quellenlage gleichermaßen schlecht, so dass Hypothesen die Fakten überwuchern.

Ein weiterer entwicklungsgeschichtlich wichtiger Bau der Frühperiode ist die Erlöserkirche in Zromi (626-634) (Abb.4), der Georg Tschubinaschwili die bereits erwähnte monographische Untersuchung widmete. Von Ernst Badstübner und Edith Neubauer wurde dazu 1990/91 eine ergänzende Studie in der Georgica vorgelegt./7/ Diese Kirche ist das früheste erhaltene Beispiel eines quadratischen Kuppelraumes mit vier freistehenden Pfeilern. Man spricht auch vom eingeschriebenen Kreuz oder vom Kreuz im Quadrat. Derartige Bauerfahrungen werden heute als eine der Wurzeln der byzantinischen Kreuzkuppelkirche aufgefasst.

Um die zweite Blütezeit georgischer mittelalterlicher Baukunst, 10. bis 13.Jahrhundert, kurz zu veranschaulichen, sei auf die drei großen

Kathedralen Sweti Zchoweli in Mzcheta (1010-1029) (Abb.5), Bagrat-Kirche in Kutaisi (10.-11.Jh.) und die Georgskathedrale in Alawerdi (1. Viertel 11.Jh.) verwiesen. In ihrer Nachfolge stehen die berühmten Bauten von Nikorzminda und Samtawisi, die mit ihrer hoch entwickelten Bauplastik wichtige Zeugnisse für die allgemeine Hinwendung zur monumentalen Bauskulptur darstellen.

Eigenständige Zweige der Baukunst vertreten die Fels- und Höhlenarchitekturen (Uplisziche, Wardsia, David Garedscha), die Profanbaukunst (Narikala-Festung in Tbilissi; Chertwisi) und die Baukunst der Bergregionen (Swanetien, Chewsuretien, Gebiet des Kasbeg). All diese Zweige der Architektur haben mit der höfischen und monastischen Sakralbaukunst stilistisch wenig zu tun, sind aber nicht minder interessant und großartig.

Hohen Erkenntniszuwachs brachten regional begrenzte Untersuchungen, wir sprechen von Baulandschaften. Sie betrafen insbesondere Kachetien, Samzche, Abchasien und die Bergregionen. Sie erweitern den Blick um geographisch und geologisch bedingte Besonderheiten der mittelalterlichen Baukunst Georgiens. 1995 sprach Wolfgang Feuerstein in der Berliner Georgischen Gesellschaft über die georgischen Denkmäler in der Nordost-Türkei. Westdeutsche, österreichische und italienische Kollegen hatten von jeher einen entscheidenden Anteil daran, die Gebiete mit armenischen und georgischen Baudenkmälern zu erforschen, die uns ostdeutschen und sowjetischen Kollegen aus politischen Gründen verschlossen waren. Ich nenne hier nur die wertvollen Beiträge von Bruno Baumgartner aus Österreich und Frank Teichmann aus Stuttgart. Wolfgang Feuerstein steht in dieser Tradition. Sein Vortrag in der

Berliner Georgischen Gesellschaft machte erneut sichtbar, wie viel Enthusiasmus, Entbehrungen und Anstrengungen derartige Forschungen erfordern. Vor allem in Bergregionen sind oft unglaubliche Schwierigkeiten zu überwinden.

Seit den sechziger Jahren werden georgische Baudenkmäler im Ausland, so in Israel, Syrien, Griechenland und Bulgarien intensiver erforscht (Djobadse, Kühnel). So sprach Gustav Kühnel aus Jerusalem 1995 in der Berliner Georgischen Gesellschaft über das „Nationalheiligtum der Georgier im Heiligen Land. Die Geschichte des Kreuzes und das Kreuzkloster in Jerusalem.".

Unsere gegenwärtige Zeit ist von Bemühungen charakterisiert, die georgische mittelalterliche Baukunst in all ihren Aspekten zu erforschen.

/1/ Tschubinaschwili,G.: Die christliche Kunst im Kaukasus und ihr Verhältnis zur allgemeinen Kunstgeschichte (Eine kritische Würdigung von Strzygowskis „Die Baukunst der Armenier und

Europa").In :Monatshefte für Kunstwissenschaft 15,1922.S.217 - 237

/2/ Mitteilungsblatt der Berliner Georgischen Gesellschaft 4.Jg. 1995, Sonderdruck

/3/ Gink,K. u.Tompos,E.: Georgien. Hanau/Main 1975; Neubauer, E.: Altgeorgische Baukunst. Leipzig, Wien, München 1976; Mepisaschwili, R., Zinzadse, W. u. Schrade, R.: Die Kunst des alten Georgien. Leipzig 1977; Alpago-Novello, A., Hybsch,E.: Architecture géorgienne. Louvain-la-Neuve 1978; Beridse, W., Neubauer, E. u. Beyer, K.G.: Die Baukunst des Mittelalters in Georgien. Berlin, Wien, München 1981

/4/ Titze, M.: Zur Frage der Rekonstruktion des Gründungsbaus von Sweti-Zchoweli im 4. Jahrhundert. In: Georgica , Heft 11, 1988, S.67 - 69

/5/ Neubauer, E.: Die kaukasische frühmittelalterliche Basilika. Regionale Sonderentwick-

lungen in Armenien und Georgien. In: Georgica
Heft 5, 1982, S.78 -82

/6/ Badstübner, E.: Überlegungen zum Ursprung
des dreischiffigen Presbyteriums an Kloster-
kirchen des benediktinischen Reformmönchtums
(Ein Vergleich mit den Dreikirchen-Basiliken in
Georgien). In: Georgica Heft 7, 1984, S. 77 - 81

/7/ Neubauer, E. u. Badstübner, E.: Architektur
und Bauplastik der Erlöserkirche in Zromi -
Versuch einer kunstgeschichtlichen Einordnung.
In: Georgica Heft 13/14, 1990/91, S. 115 - 125

Vortrag, gehalten auf der Tagung des Ersten
Deutsch-Georgischen Symposiums „Die Kultur
Georgiens als stabilisierender Faktor in der
Krisenregion Kaukasus", 15.-16.Juni 1996 in
Bonn

Das Marienbild in der mittelalterlichen Kunst Georgiens und Armeniens

Maria ist neben Christus die Person, die seit dem Mittelalter am häufigsten in der christlichen Kunst dargestellt wird. Ein Marienbild so zu verstehen wie es der mittelalterliche Gläubige verstanden hat, setzt voraus, das Marienverständnis der damaligen West- und Ostkirche in seiner unterschiedlichen religiösen Bedeutung zu kennen. Römisch-katholische und Griechisch-orthodoxe, monophysitische und nestorianische Konfessionen haben in dieser Frage sehr unterschiedliche Auffassungen entwickelt, die sich in der christlichen Kunst deutlich widerspiegeln. Kein anderes Thema der biblischen Geschichte zeigt ähnliche unüberbrückbare Differenzen in der Ikonographie. Meines Erachtens liegt dafür ein wesentlicher Grund in der Tatsache, dass über das Leben

Marias so wenig bekannt ist, sodass der phantasievollen Auslegung ihres Lebens von Seiten der Kirchen keine Grenzen gesetzt waren. Als einzige kirchlich anerkannte Quelle über Maria gelten die Evangelien des Neuen Testaments. Ihre Berichte sind mager und untereinander widersprüchlich. Im Matthäus-Evangelium, das um 90 n. Chr. entstand und somit das älteste der Evangelien ist, steht geschrieben: *„Maria, Jesu Mutter, war mit Joseph verlobt, noch bevor sie zusammengekommen waren, zeigte sich, dass sie ein Kind erwarteten – durch das Wirken des Heiligen Geistes. "*

Im Lukas-Evangelium wird überliefert, dass der Engel Gabriel Maria einen Sohn ankündigte: *"Der Heilige Geist wird über dich kommen, und die Kraft des Höchsten wird dich überschatten. "*

Über die Geburt Christi wird nur in diesen beiden genannten Evangelien berichtet. Im Matthäus-Evangelium steht geschrieben *„Siehe, da kamen*

Weise aus dem Morgenland und fragten: Wo ist der neugeborene König der Juden? Wir haben seinen Stern im Morgenland gesehen und sind gekommen, ihn anzubeten. " Im Neuen Testament wird also von Weisen gesprochen, in späteren Texten von Magiern, ihre Zahl wird nicht genannt, nur die drei Geschenke werden erwähnt: Gold, Weihrauch und Myrrhe. Seit dem 5. Jahrhundert hat man sich die Weisen als drei Könige vorgestellt. Im 8. Jahrhundert erhielten sie in der Westkirche die Namen Caspar, Melchior und Balthasar. Erst im 14. Jahrhundert wurde einer der Könige als Mohr dargestellt.

Zwölf Tage nach der Geburt Christi fanden die Weisen das göttliche Kind in Bethlehem, also am 6.Januar. Dieser Tag wird in der Ostkirche seit dem 4. Jahrhundert als Fest der Erscheinung des Herrn, als Epiphanie, gefeiert, wobei die Geburt Christi zunächst zum Festgedanken gehört. Die Westkirche übernahm am Ende des

4.Jahrhunderts aus dem Osten das Epiphaniefest, das seit dem Mittelalter auch Dreikönigstag genannt wird. Zurück zu Maria. Im Lukas-Evangelium erfahren wir, dass Joseph aus Galiläa aus der Stadt Nazareth nach Bethlehem ging und Maria, seine Braut war schwanger.

„Sie gebar ihren ersten Sohn, wickelte ihn in Windeln und legte ihn in eine Krippe ... Und der Engel des Herrn trat zu ihnen ... und sprach ... Euch ist heute ... der Heiland geboren, das ist Christus der Herr." Das sind die einzigen, kirchlich anerkannten literarischen Überlieferungen, Maria betreffend. In den anderen Texten des Neuen Testamentes, weder im Markus-Evangelium noch in den Paulusbriefen wird die Geburt Christi erwähnt. Zu dem Verhältnis zwischen Sohn und Mutter erfahren wir herzlich wenig. Während seiner öffentlichen Wirksamkeit wahrt der Sohn nach Lukas Distanz zu seiner Mutter. Er spricht von ihr nie als Mutter, sondern

nur als Frau. Eine Bibelstelle lautet sogar: *„Frau, was hab ich mit dir zu schaffen."* Nach dem Johannes-Evangelium wird Maria Zeuge seiner Kreuzigung. Wie lange Maria lebte und wo sie begraben liegt, ob in Jerusalem oder in Ephesos, ist quellenmäßig nicht zu belegen. Diese lückenhafte Überlieferung zu Maria führte dazu, dass es Jahrhunderte dauerte, bis Maria sich als würdig erwies, überhaupt dargestellt zu werden. Die Quellenlage war einfach zu dürftig.

Weitere, allerdings nicht offiziell anerkannte Überlieferungen zum Marienleben, die sich in den Apokryphen und den Protoevangelien des 2. Jahrhunderts finden, wurden jedoch als Quellen für die legendenhafte Ausgestaltung der künstlerischen Darstellungen genutzt insbesondere für das Geburtsbild.

Im 5.Jahrhundert tritt Maria betreffend eine Wende ein, als auf dem von Kaiser Theodosius II. im Jahre 431 einberufenen Dritten Ökumenischen

Konzil zu Ephesos Maria wegen der Identität des Mensch Gewordenen mit dem Gottessohn der Ehrentitel Theotokos zugesprochen wird. Die Ostkirche versteht unter diesem Titel Gottesgebärerin. Seit diesem Konzil triftet das Marienverständnis beider Konfessionen weit auseinander. Diese theologischen Auseinandersetzungen finden jedoch außer geringfügigen Neuerungen wenig Niederschlag in den künstlerischen Darstellungen Marias, weil diese im gesamten ersten christlichen Jahrtausend noch von zweitrangiger Bedeutung sind. 1054 spaltet sich im Großen Schisma die Ostkirche endgültig von der Westkirche ab. Dieser Zustand, dauert trotz mehrerer Versuche von partiellen Wiedervereinigungen bis heute an. Zur Ostkirche gehören u.a. die Byzantinische, Georgische, Armenische, Russische, Äthiopische und Koptische Kirche, um nur die wichtigsten zu nennen. Seit 1054 entwickelten sich grundlegend verschiedene theologische Standpunkte in Ost und West, die unversöhnlich noch in unseren Tagen ihre Gültigkeit beanspruchen. Sie betreffen weitgehend Maria. Das sich allmählich herausgebildete unterschiedliche Marienverständnis der West- und Ostkirche ist insgesamt in seinen theologischen Begründungen so spitzfindig und kompliziert, dass es stellenweise schwer nachzuempfinden ist. Selbst in theologischen und kunstwissenschaftlichen Nachschlagewerken finden sich Widersprüche und Ungenauigkeiten. Interpretationen sind manchmal subjektiv, der Sachverhalt äußerst verwickelt. Die Höhepunkte der Unvereinbarkeiten liegen erst im 19. und 20. Jahrhundert, haben aber ihre Wurzeln in lange zurückliegenden Jahrhunderten, in der sich in der katholischen Kirche ständig entwickelnden Marienverehrung. So wurde 1854 von der katholischen Kirche das Dogma der unbefleckten Empfängnis Marias verkündet (Maria Immaculata). Damit ist Maria frei von der Erbsünde vom Moment ihrer Zeugung an. 1950 wurde durch eine Ex-cathedra-Verkündigung des Papstes die Aufnahme Marias mit Leib und Seele in den Himmel verkündet (Maria Assunta). Diese beiden katholischen Mariendogmen werden von den Ostkirchen auf Grund ihres seit dem Mittelalter ausgeprägten Marienverständnisses abgelehnt.

In vereinfachter Erklärung sind folgende wesentliche Unterschiede relevant, die sich auch in den Darstellungen belegen lassen.

Im römisch-katholischen Westen entwickelt sich zunehmend ein Marienkult, der die Mutter Christi allmählich zu einer ebenbürtig wichtigen Person neben ihrem Sohn werden lässt. Ihr Heiligenwert steht dem von Christus nicht nach. Beide sind gleichermaßen verehrungs- und anbetungswürdig. Maria ist die Mutter der Kirche, die Miterlöserin, die Mittlerin der Gnade. So ist zum Beispiel das

Bild der Krönung Marias im ostkirchlichen Bereich unbekannt. Die Ostkirche hat eine stärkere Bindung an die frühchristlichen Traditionen, eine starke Betonung der Liturgie, die rituell und musikalisch breit ausgestaltet ist. Sie hat keine verbindliche Marienlehre ausgearbeitet, denn im Kern geht es immer um Christus, der die allein anbetungswürdige Person ist. Maria kommt nur Verehrung zu. Zwischen Verehrung und Anbetung werden in der Ostkirche deutliche Unterschiede gemacht. Die Menschwerdung des göttlichen Kindes mit Hilfe der Gottesgebärerin Maria ist von zentraler Bedeutung. So besteht der einzige Zweck der autonomen Gottesmutterbilder darin, die anbetungswürdige Gestalt Christi darzustellen. Auch im Geburtsbild huldigen alle Bildmotive dem Neugeborenen. Das Wunder der Erscheinung Christi bildet den Hauptinhalt. Selbst in der beliebten Darstellung 'Entschlafen der

Gottesmutter' ist Christus, der die Seele der Entschlafenen entgegennimmt, die wichtigste Bezugsperson. Das autonome Marienbild, das im gesamten Gebiet der Ostkirche jahrhunderte lang verbreitet ist, ist ikonographisch ein ausschließliches Kunstwerk des Ostens. Autonome Bilder stellen in der Regel nur eine Person dar, sie entstanden ursprünglich in Zusammenhang mit der Verehrung von Märtyrern. Eine Ausnahme bildet das autonome Gottesmutterbild, da hier zwei Personen zu sehen sind. Das anbetungswürdige Gotteskind konnte nicht allein dargestellt werden, denn nur in Verbindung mit seiner Mutter erklärte sich seine Menschwerdung. So sind die autonomen Gottesmutterbilder in erster Linie eigentlich Christusbilder. Bereits im 5.Jahundert entstanden die ersten autonomen Marienbilder, zu denen wir die monumentalen Wandmalereien in den Apsiden der georgischen Kirchen von Ateni und

Martwili aus dem 7.Jahrhundert zählen können.

Seit dem 5. Jahrhundert entsteht in der Ostkirche ausgehend von Konstantinopel eine Vielzahl von Typen des autonomen Gottesmutterbildes. Die am meisten verbreiteten sind: Maria lactans, Nikopoia, Blacherniotissa, Hodegetria und Eleusa. In Georgien zeigt die berühmte monumentale Mosaikdarstellung in der Apsis der Gottesmutterkirche in Gelati (Abb. 6) den Typ der Hodegetria, der Wegführerin. Auch die Darstellung Marias in der Apsis der Kathedrale des Heiligen Georg in Alawerdi aus dem frühen 11. Jahrhundert ist ein autonomes Gottesmutterbild. Maria wird stets mit Kopftuch und Schultertuch, dem sogenannten Maphorium, sowie dem Stern darauf und der Einfassung in goldener Borte dargestellt.

Die ostkirchlichen Marienbilder sind sakral erhöht, von streng formalisierter Gestik und Mimik. Ein Marienbild ohne Christus gibt es nicht. Stets ist das Kind bekleidet. Christus ist die anbetungswürdige Hauptperson des Marienbildes. Nur in Ausnahmefällen übernimmt der katholische Westen dieses strenge Bild in abgewandelter Form wie beim Typ der Schutzmantelmadonna oder der schwarzen Madonna. Der Bedeutungsinhalt der ostkirchlichen Auffassung des Marienbildes bleibt dagegen dem Westen verschlossen. Die Einflüsse beschränken sich nur auf formale Übernahmen.

Das Besondere der ostkirchlichen Auffassung heiliger Bilder ist die Überzeugung, dass das Heilsereignis als gegenwärtig, also authentisch erfahren wird. Das erklärt den Glauben, dass eine Ikone handlungsfähig ist. Das berühmteste Beispiel dafür ist die Ikone der Gottesmutter von Wladimir, die als Geschenk des byzantinischen Kaisers nach Russland gelangte und im 14. Jahrhundert die Rettung Moskaus vor den Mongolen bewirkt haben soll. Die Begründung für die Authentizität des Bildes der Gottesmutter liefert eine Legende, nach der der Evangelist Lukas mit eigener Hand drei Bilder der Mutter Christi zu deren Lebzeiten gemalt haben soll. Die Ikonographie des Marienbildes änderte sich jahrhundertelang nicht, ungewohnte Neuerfindungen waren nicht gefragt. Dieses Phänomen werden wir auch im Bild der Geburt Christi beobachten.

In den Darstellungen zur biblischen Geschichte treten die Unterschiede zwischen katholischer und ostkirchlicher Auffassung ebenso deutlich hervor. Beispiele der Geburt Christi in georgischen und armenischen Bildern werden darüber Aufschluss geben, dass es auch bei diesem Thema gravierende Unterschiede gibt. Niemals kommt es in der Ostkirche zu einer genrehaften Auslegung heiliger Bilder. Szenische Darstellungen zur biblischen Geschichte sind zwar kein Hauptgegenstand künstlerischen Interesses der

Ostkirche, aber die Materiallage in Georgien und Armenien erlaubt eine genügend fundierte Analyse. Die Quelle für die Inhalte dieser Bilder sind neben dem Neuen Testament vor allem die Apokryphen, die Protoevangelien des Jakobus, Apostelgeschichten und Legenden. Ochs und Esel an der Krippe und das Bad des Kindes gehen auf diese Quellen zurück.

In Georgien blieb eine wenig bekannte Metallikone aus der Zeit um 1100 aus Mozameta erhalten (Abb.7). Heute wird sie im Museum von Kutaisi verwahrt. Die Ikone von Mozameta mit der Darstellung der Geburt Christi besteht aus vergoldetem Silber. Ikonographisch lehnt sich das fast quadratische Werk an Darstellungen mittelbyzantinischer Zeit an, wie wir sie zeitgleich in Palermo finden. Die Ikone gliedert sich in drei Bereiche. Die obere Zone zeigt neben dem kosmischen Symbol der Sonne je zwei Engel. Die mittlere Zone umfasst die Krippe mit dem gewickelten Kind, mit den Köpfen von Ochs und Esel, den Stern von Bethlehem, die übergroße Gottesmutter auf der Kline, dem Wochenbett, die Badeszene und die drei Könige. Diese Zone wird von einem geschwungenen ornamentierten Bogen vom Himmelssegment getrennt. Offenbar soll der Bogen als oberer Abschluss der darunter befindlichen Höhle aufgefasst werden. Am unteren Bildrand sind links drei Hirten, vier symmetrisch angeordnete Schafe, die Axt des Joseph und der Nährvater selbst in der rechten Bildecke zu sehen. Als Vergleich soll eine Mosaikikone aus Palermo um 1150 in der Chiesa della Martorana dienen (Abb.8). Sie zeigt das eben beschriebene Repertoire. Der bogenförmig verlaufende Grat des Felsens entspricht dem geschwungenen Bogen auf der georgischen Metallikone. Die Höhle wird dadurch deutlicher hervorgehoben. Eine Ikone des 13.Jahrhunderts vom Katharinenkloster auf dem Sinai, das vom byzantinischen Kaiser Justinian im 6.Jahrhundert gegründet worden war, entspricht in ihrer Ikonographie den Werken in Kutaisi und Palermo. Das byzantinisch-ostkirchliche Geburtsbild ist von vielschichtiger Symbolik erfüllt. Hinter dem Stern von Bethlehem verbirgt sich Lichtsymbolik, die das Mysterium der Geburt Christi in das Sonnenjahr und die kosmischen Himmels-vorgänge einbettet. Der Felshintergrund deutet auf Maria, die in liturgischen Gesängen als „unbehauener Berg" bezeichnet wird, von dem sich der Eckstein Christus abtrennt. Ochs und Esel wurden von den Kirchenlehrern Augustinus und Gregor von Nazianz als Symbole von Judentum und Heidentum gedeutet. Die Tiere werden erstmals im 2. Jahrhundert im Protoevangelium des Jakobus und im Pseudoevangelium des Matthäus erwähnt. Verstreute Pflanzen wie auf der Ikone vom Sinai und später in der armenischen Buchmalerei sind Zeichen für das durch die Geburt Christi wieder offenstehende Paradies. Das erste Bad des Kindes mit Hebamme und Salome bekräftigt die unbefleckte Empfängnis des Gottessohnes, die Salome zunächst angezweifelt hatte, aber gleichzeitig ist es ein Hinweis auf die Taufe Christi. Die Höhle wird mit dem Mysterium der Jungfräulichkeit Marias in Verbindung gebracht wie auch mit dem Herausführen der im Schatten des Todes lebenden Menschheit aus der dunklen Höhle durch das Erscheinen des Erlösers. Dieser komplizierte beziehungsreiche Hintergrund ist byzantinischer Herkunft. Weihnachtsliturgie, Lobgesänge, Texte der Kirchenväter sind Grundlagen für das Verständnis der Symbolik, des tieferen Sinnes der Bilder.

Der grundlegende Aufbau des Geburtsbildes ist damit streng vorgeschrieben. Da das Bild nach mittelalterlichem ostkirchlichem Glauben ein heiliges Geschehen analog wiedergibt, sind

Abweichungen von der festgelegten Ikonographie eine Verfälschung des Urbildes. Damit schränkt sich natürlich die eigenschöpferische Phantasie und Spontaneität der Maler stark ein. So führt die Gebundenheit an das Dogma zu relativ stereotypen Formwiederholungen.

Sehr anschaulich dokumentieren diesen Sachverhalt die seit 1997 durch ein georgisches Restauratorenteam unter Leitung von Merab Budschukuri aufgedeckten Bildzyklen mittelalterlicher Wandmalereien in Swanetien. Die Zyklen enthalten in der Regel ein Geburtsbild, wenn auch häufig nur in fragmentarischem Zustand. Das mir von Prof. Rolf Schrade freundlicherweise zur Verfügung gestellte Material ist noch weitgehend unpubliziert. Da die Wandmalereien zum Teil schlecht erhalten und deswegen schwer zu entziffern sind, insbesondere die meist im zweiten Register angebrachten Geburtsbilder, steht noch kein brauchbares

Fotomaterial zur Verfügung. Die Beschreibungen waren nur an Hand von Zeichnungen, die die Restauratoren vor Ort angefertigt haben, möglich.

Das älteste erhalten gebliebene Beispiel der Tewdore zurück, dessen Werke ins 11.Jah Geburt Christi geht auf den berühmten Maler rhundert datiert werden. Es befindet sich in der Kirche von Iprari. Wie bei der ebenfalls ins 11.Jahrhundert gehörenden Metallikone aus Mozameta besteht das Wandbild aus drei Zonen. Oben schweben 6 Engel. In Bildmitte teilen sich die drei Könige, Maria, das Kind in einer gemauerten Krippe sowie Ochs und Esel den Platz. Der untere Bildbereich gehört Joseph, Hirte und Schaf. Andeutungsweise finden sich Fels und Höhle.

Die Mehrzahl der swanischen Geburtsbilder gehört ins 12. Jahrhundert. In der Quiricus-Kirche in Lagurka, der Barbara-Kirche in Khe, der Erzengel-Kirche in Adischi, den Kirchen in Lagami und Tangil verteilen sich im Geburtsbild die einzelnen Motive wie gewohnt in drei Zonen, nur in der Auswahl der Bilder gibt es kleine Veränderungen. Eine nicht unwichtige Neuerung gibt es in der Darstellung der Geburt Christi in der Kirche in Ieli. Das Bild ist eng in ein Bogenfeld eingepasst. Die linke Hand Marias liegt zärtlich auf dem Kopf des Kindes, während Maria normalerweise beziehungslos in sich versunken auf der Kline liegt.

Da unser Bildgegenstand im 17. Jahrhundert an der Ostwand der Nordkapelle der Gottesmutter-kirche im Kloster von Gelati (Abb.9) noch einmal auftaucht, will ich dieses Beispiel hervorheben, da es deutlich bei aller Stilwandlung die Beständigkeit der Ikonographie beweist. Außer der Gestalt im Fellmantel neben Joseph ist alles andere wie bei älteren Darstellungen. Interessanterweise gibt es in einem ebenfalls aus dem 17. Jahrhundert stammenden Menologium in Istanbul ein ziemlich ähnliches Bild. Ein dynamisch aufsteigender Fels, die Höhle mit Maria, Kind, Ochs und Esel, die drei Könige diesmal als Reiter und am unteren Bildrand Joseph ebenfalls mit dieser fremden Gestalt im Fellmantel, die als Prophet interpretiert wird.

Innerhalb der georgischen Kunst des Mittelalters nimmt das Gebiet des gebirgigen Swanetien eine Sonderstellung ein. Die zahlreichen Zyklen der biblischen Geschichte in den Wandmalereien der kleinen Kirchen zeugen von großem Interesse an diesen Darstellungen. In den anderen georgischen Gebieten ist das Geburtsbild weniger häufig zu finden. Die Fülle des erhalten gebliebenen Materials in Swanetien, das sorgfältige Nachforschungen und Restaurierungen wieder ans Licht gebracht haben, spricht davon, dass Swanetien eine wahre Schatzkammer mittelalterlicher Kunst war.

Es ist zu hoffen, dass die umfangreiche Dokumentation der Restaurierungsarbeiten durch eine angemessene Publikation bald erscheinen und internationale Aufmerksamkeit erregen wird. In Armenien finden wie unser Thema der Geburt Christi hauptsächlich in der Buchmalerei. In die Zeit um 600 gehört ein interessantes Blatt aus dem Evangeliar von Etschmiadsin (Abb.10), das eine ikonenhafte Maria in Bildmitte zeigt. Drei Könige bringen dem Kind Geschenke. Später werden die drei Könige auf keinem Geburtsbild fehlen. Maria thront wie eine Prinzessin aus dem byzantinischen Kaiserhaus in purpurfarbenem Gewand auf einem Thron mit lyraförmigen Lehnen. Ein derartiger Thron gebührte nur Christus. Hauptinhalt des Blattes ist nach ostkirchlicher Auffassung die Person Christi. Ihm gilt die Anbetung der Betrachter. Christus wird in seiner Ewigkeit aufgefasst, jenseits von Geburt, Leben und Tod. Orientalische Einflüsse zeigen sich in Kleidung und Beinhaltung der Könige.

Seit dem 11. Jahrhundert findet sich das Thema der Geburt Christi öfters in der armenischen Buchmalerei. Ein Beispiel des 11. Jahrhunderts gehört in das Evangeliar von Mughni (Abb.11) Hier ist der Bildinhalt bereits voll ausgebildet. Die obere Zone gehört den Engeln, darunter folgen links die drei Könige, rechts die Verkündigung an die Hirten, in der Mitte in einer Gebirgshöhle Maria auf dem Wochenbett, das Kind ist in Windeln gewickelt und empfängt den göttlichen Lichtstrahl, Ochs und Esel stehen daneben. Am unteren Bildstreifen ist links Joseph zu sehen, rechts zwei Frauen, die das Bad für das Kind vorbereiten.

Eine zeitgleiche katholische Darstellung aus spätottonischer Zeit aus der Reichenauer Schule findet sich im Mindener Sakramentar aus der ersten Hälfte des 11.Jahrhunderts (Abb.12). Wieder haben wir eine Einteilung des Blattes in drei Zonen. Oben die Engel, in der Mitte Maria,

Joseph, das Kind in der Krippe und Ochs und Esel, die in ihrem Stall angebunden sind. Der untere Streifen ist mit seinen Erdschollen dem irdischen Bereich zuzuordnen. Ein Engel ist auf die Erde gekommen, um den Hirten die Geburt Christi zu verkünden. Wesentliche Unterschiede zum Geburtsbild der Ostkirche sind: die gleichberechtigte Auffassung Josephs, der in gleicher Körpergröße neben Maria steht und der Stall anstelle der Geburtshöhle. Das Mittelbild wird von einer symmetrisch aufgebauten Architektur begrenzt mit zwei Türmen und zwei rundbogigen Durchgängen. Somit wird das biblische Geschehen in eine mittelalterliche Stadt verlegt. Deutlich wird das Verlangen, die Geburt Christi in den irdisch-menschlichen Bereich zu holen. Befremdend wirkt nur die Darstellung Marias auf der Kline, die byzantinischem Einfluss entsprungen ist. Auch in einem Kölner Elfenbeintäfelchen um 1150-1170 (Abb.13) wird die Geburt Christi innerhalb einer umfriedeten Stadt angesiedelt. Wieder nimmt Joseph einen gleichberechtigten Platz neben der Mutter-Kind-Gruppe ein. In der armenischen Buchmalerei wird ausschließlich die Gottesmutter und das Kind verehrt. Joseph bekommt seinen Platz am unteren Bildrand. Maria auf der Kline verrät dagegen ostkirchlichen Einfluss. Der Krippenaltar mit Ochs und Esel unter zwei Arkaden setzt römisch-frühchristliche Traditionen fort, ebenso die Darstellung der Stadt Bethlehem, wenn sie auch deutlich an eine mittelalterliche deutsche Stadt erinnert. Diese Vereinigung west- und ostkirchlicher Motive ist in der europäischen mittelalterlichen Kleinkunst keine Seltenheit.

Ab dem 13.Jahrhundert sind wieder armenische Handschriften mit dem Geburtsbild erhalten geblieben. Zu dieser Zeit wird im romanischen Westen das Thema der Krönung Marias bevorzugt, das nur in den katholischen Ländern Verbreitung findet.

Das armenische Evangeliar von Malatya entstand 1268 (Abb.14). Das farbenfrohe Bild der Geburt Christi schuf Toros Roslin. Dieser Maler ist eine Ausnahmepersönlichkeit, da seine Personen individuell gestaltete Charaktere zeigen. So sind zum Beispiel die Könige in drei Lebensaltern dargestellt, vom jugendlichen Typ bis zum alten Mann. Auch Josephs Gesicht zeigt individuelle Züge. Deshalb bringt man in der Forschung Toros Roslin mit der italienischen Frührenaissance in Verbindung. Jedenfalls geht dieser stärker erzählende als hieratische Stil über die üblichen Darstellungen hinaus, in denen die Personen mehr Zeichen als lebendige Wesen sind. Auch die Farbe setzt Toros Roslin als Gestaltungsmittel ein. Vor der tiefschwarzen Höhle liegt Maria auf einer strahlend roten Kline.

Im gleichzeitig entstandenen Evangeliar des Prinzen Vasak ist der Aufbau des Geburtsbildes ähnlich, aber düstere Farben und kleinteilige, verwobene Formen geben der Darstellung einen ungewohnten Charakter.

Aus dem Jahre 1314 stammt ein Geburtsbild des Malers Awag (Abb.15), der in vielen Skriptorien in Großarmenien, Kilikien sowie in Persien arbeitete. Sein buntes vielteiliges Bild sprüht vor Lebensfreude. Sternenstrahlen ergießen sich über das Kind. Die von einem bizarren Gebirge eingerahmte Höhle erhält eine Purpurfarbe. Im Vordergrund breitet sich eine Wiese mit bunten Blumen aus, die an den Paradiesgarten erinnern sollen. Ein Hirte sitzt auf einem Schaf und spielt auf der Flöte. Beim Baden des Kindes assistiert ein Engel, der ein Handtuch zum Abtrocknen bereithält. In der rechten unteren Bildecke kniet demütig das Stifterehepaar. Das ganze Bild atmet eine erfrischende Naivität und spricht von freierem Umgang mit den Motiven.

Ein zweites Geburtsbild von Awag (Abb.16) zeigt einen hochauftürmenden Felsen, der eher einem Wasserfall gleicht. Er sprengt in seiner Dynamik sogar den oberen Bildrand. Rührend ist Maria anzuschauen, da sie in träumerischer Versunkenheit ihre Hände müde auf ihren Knien abgelegt hat. Ein Goldgrund entrückt das Geschehen aus dem irdischen Bereich.

Aus dem bisherigen Rahmen fällt ein Blatt aus einem Evangeliar von 1319/20. Es stammt aus der Provinz Waspurakan, als Schreiber und Maler wird Vardan genannt (Abb.17). Orientalisch beeinflusster Stil und reduzierte Farbgebung lassen ein Bild mit komprimierter Aussage entstehen, zauberhaft fremdartig. Der Maler beschränkt sich auf die Hauptpersonen, vermeidet jegliche Überladung der Komposition. Die einzige Nebenszene ist die Anbetung der drei Magier.

Trotz der Sparsamkeit der Mittel wird eine fast magische Wirkung erzielt.

Aus dem Jahre 1346 stammt ein Geburtsbild von Sargis Pidzak im Evangeliar der Königin Mariun (Abb.18). Stilistisches Hauptmerkmal ist die dekorative Auffassung des Bildes. Jeder freie Platz wird mit einem Ornament ausgefüllt. Diese Scheu vor freien Bildflächen nennen wir „Horror vacui" dieser Zug wird im weiteren Verlauf der armenischen Buchmalerei zunehmen.

Zeitgleich um 1350 malt der Meister von Hohenfurth in Böhmen ein Geburtsbild ganz anderen Charakters (Abb.19). Der Raum mutet nahezu atmosphärisch an trotz des traditionellen Goldhintergrundes. In Bildmitte steht eine Schutzhütte. Plastizität und Individualität der Personen, Eleganz des Stils lassen an norditalienische Auffassungen denken. Christus liegt nackt in den Armen seiner Mutter, nur ihr Gewandzipfel verhüllt seine Beine. Im gesamten

Bereich der Ostkirche ist eine derartige Darstellung im Mittelalter eine absolute Seltenheit. Joseph hilft, das Badewasser zuzubereiten. Die Idylle betont das Irdische. Andererseits entdeckt man bei genauer Betrachtung des Bildes von Hohenfurth die stereotypen bizarren Formationen, der wie Versatzstücke auf einer Bühne hinein geschobenen Felsen. Hier verrät sich byzantinischer Einfluss.

In anderen deutschen Darstellungen des 15. Jahrhunderts facht Joseph das Feuer an oder kocht eine Suppe.. Die festgelegte Symbolik des ostkirchlichen Geburtsbildes lässt dagegen keine derartige freie Bildgestaltung zu.

Wenden wir uns wieder der armenischen Buchmalerei zu. Im 15.Jahrhundert wird ein optisch reizvolles Bild geschaffen, das einzigartig in seiner freien Auslegung des Inhaltes ist. In einer bebilderten Lesung zur biblischen Schrift um 1460 (Abb.20) findet sich ein Blatt, das zwar die traditionelle dreizonige Einteilung beibehält, aber die untere Zone völlig unkonventionell ausstattet. Neben dem nachdenklichen Joseph stehen räumlich abgetrennt von ihm die drei Pferde der Könige. Diese Variante ist einzigartig. Nicht genug der Neuerungen: in Bildmitte thront die Gottesmutter mit dem nackten Kind im Arm, die einzige mir bekannte Darstellung dieser Art im ostkirchlichem Bereich. Diese Freiheiten lassen sich nur durch den Auftraggeber des Buches, der vermutlich nicht dem geistlichen Stand angehörte oder durch die Persönlichkeit des Künstlers erklären.

Insgesamt vermitteln die armenischen Geburtsbilder in der Buchmalerei Freude über die Ankunft Jesu mit großer Ehrfurcht über das Mysterium der Menschwerdung des Göttlichen. Ein wesentliches Merkmal der armenischen Buchmalerei ist die starke Ausdruckskraft der

Farbe. Orientalischer Farbsinn dringt in byzantinische Sehgewohnheiten ein und verleiht den Bildern ihre märchenhafte Anmut. So sind die armenischen Blätter mit ihrem Schwung, ihrer seelischen Heiterkeit, ihrer Brillanz und Festlichkeit etwas ganz Kostbares, Eigenständiges.. Sie gehören mit zum schönsten Kulturerbe der christlichen Welt des Mittelalters.

Literatur

Edith Neubauer: Die Magier, die Tiere und der Mantel Mariens. Über die Bedeutungsgeschichte weihnachtlicher Motive, Freiburg 1995. -

Helmut Fischer: Maria im Verständnis der Kirchen und die Gottesmutterikone, Petersberg 2006.

Armenische Buchmalerei des 13. und 14. Jahrhunderts. Aus der Matenadaran Sammlung Jerewan 1984

Neue Überlegungen zur kaukasischen, byzantinischen und europäischen mittelalterlichen Bauplastik

Bereits der erste Höhepunkt der christlichen Architektur Armeniens und Georgiens vom 4. bis zur Mitte des 7. Jahrhunderts ist gekennzeichnet von Versuchen, die Außenbauten von Kirchen mit Bauplastik zu schmücken. In dieser Periode lebten teilweise antike Motive fort, bereicherten islamische Elemente die Kunstwerke, kam es aber auch zu bedeutenden Neuerungen insbesondere ikonographischer Art. Der Bauschmuck war zwar primitiv, seine Qualität oftmals mittelmäßig, dennoch sind diese ersten Beispiele von Skulpturenschmuck am Außenbau von beträchtlichem Interesse, da sie eine anregende Rolle für die weitere Entwicklung spielten. Von Anfang an betont plastischer Schmuck am Äußeren eines Bauwerks seine für den Kult wesentlichen Teile, wie Westfassade, Portale, Apsis und Taufkapelle. Manchmal wurden auch Fenster geschmückt. Aus dieser Zeit erhaltene Architekturdenkmäler zeigen, dass die Reliefskulptur vollständig der Struktur des architektonischen Ensembles untergeordnet war. Zu den Schmuckmotiven zählten Christussymbole (wie das Kreuz), Flechtbänder, Rosetten, Tier- und Pflanzensymbole und menschliche Figuren. Die folgenden Beispiele belegen, dass in dieser Phase bereits ein feststehendes Dekorationssystem existierte.

Die Basilika von Ereruik in Armenien wurde im späten 5. Jahrhundert erbaut und im frühen 6. Jahrhundert erweitert.[1] Die westliche Fassade zeigt reichen Schmuck. Ein Triforium-Fenster im oberen Teil, zwei seitliche, mit Steinschnittornamentik umrahmte Fenster sowie zwei aus der Wand hervortretende Pilasterstreifen bilden den

---

[1] Paboudjan, P. & Alpago-Novello, A., "Ereouk", *Documenti di architettura Armena*, 9, 1977.

Mittelpunkt. Der Haupteingang wird von zwei seitlichen Bögen, die eine Art dreiteiligen Triumphbogen bilden, flankiert. Das Portal besteht aus einer rechteckigen Türöffnung mit einem großen skulptierten Giebelfeld, das ein Radkreuz zwischen zwei Tieren im Flachrelief zeigt. Flechtbänder schmücken den Rahmen. Den Eingang überwölbt ein Bogen, der sich auf zwei Säulen stützt, deren reliefierte Kapitelle Akanthusblätter zieren. Portale dieses Typs sind im byzantinischen Bereich nicht bekannt, doch finden wir sie in ähnlicher Form in Syrien.

Die Südfassade von Ereruik schmücken zwei prächtige, mit Bögen und Giebel gekrönte Portale (Abb. 21). Zwei Fenster sind auf der vertikalen Achse der Türen angeordnet. Das Bogenfeld des westlichen Portals zeigt ein Radkreuz zwischen stilisierten Palmen, während das östliche Portal mit einem Kreuz, zwei Palmen und Rosetten verziert ist. Die Epiphanie wurde mit Symbolen von Paradies und Kosmos verbunden. Das reicher geschmückte Bogenfeld befindet sich näher an der Apsis. Die Ostwand trägt außen keinen Skulpturenschmuck, dafür sind innen Basen und Kapitelle des Triumphbogens mit fein geschnittenen Mustern - Radkreuz zwischen Rosetten - versehen. Es wurden also nur die liturgisch wichtigen Teile des Bauwerks durch christliche Symbole hervorgehoben.

Ähnlich verhält es sich bei der im 4. Jahrhundert erbauten Basilika von Kasach in Armenien.[2] Die Flachreliefs des einen westlichen und der beiden südlichen Bogenfelder sind trotz starker Verwitterung noch gut zu erkennen. Das Bogenfeld des Westeingangs zeigt ein lateinisches Kreuz, dessen unterer Arm in Ranken aus Weinblättern endet, die das Kreuz und das gesamte Giebelfeld einrahmen. Hirsche flankieren

---

[2] Hasrathian, M. et Harouthounian, V., *Monuments d`Arménie*, Beirut, 1975, p 32; Azarian, L., *Armenian sculpture of the Early Middle Ages* (in Armenisch), Erevan, 1975, Abb. 12-13.

das Kreuz. Auf dem äußeren Rahmen sind Trauben und Blätter in Kreisen wiedergegeben. Die südlichen Bogenfelder sind einfacher.

Als drittes Beispiel sei die Erlöserkirche von Zromi in Georgien aus dem 7. Jahrhundert genannt.[3] Das Tympanon des Westportals (Abb.22) zeigt ein großes lateinisches Kreuz auf einem Suppedaneum. Ausgedrückt werden Erlösung und Überwindung des Todes durch die Kreuzigung Christi. Ursprünglich verlieh ein Rahmen aus Doppelsäulen in der Einfassung dem Portal einen festlichen Eindruck. Das südliche Tympanon ist einfacher, das Kreuz in der Form eines Lebensbaumes ist kleiner, die Säulen fehlen.

Aus den analysierten Beispielen lässt sich folgern:

1. Westfassade, Portale, Apsis und Taufkapelle sind diejenigen Architekturelemente, die Reliefschmuck tragen. Es gab keine zufällige

---

[3] Neubauer, E. & Badstübner, E., „Architektur und Bauplastik der Erlöserkirche in Zromi – Versuch einer kunstgeschichtlichen Einordnung", in *Georgica: Zeitschrift für Kultur, Sprache und Geschichte Georgiens und Kaukasiens*, 13/14, 1990-91, S. 113-25.

Verwendung von Bauplastik an anderen Stellen.

2. Die Verbindung von Portal und Reliefskulptur wurde wichtiger Bestandteil des architektonischen Konzepts.

3. Der ideologische Zusammenhang zwischen Christus bzw. Christussymbolen und dem Portal wurde üblich.

4. Das skulptierte Tympanon war als strukturelles Element des Portals eingeführt.

5. Die Ikonographie des Tympanons war eine Neuerung und als solche verbunden mit der Funktion des Portals.

Allein die Tatsache, dass erstmals skulptierte Tympana zu einem bevorzugten Teil des Baus geworden waren, hatte weitreichende Konsequenzen für die Zukunft der europäischen christlichen Architektur. Im europäischen Mittelalter erhielt die Dekoration der Tympana mit Reliefskulptur seit dem 12. Jahrhundert eine zentrale Funktion. Ein deutsches Beispiel ist das Portal der Doppelkapelle von Landsberg bei Halle (Abb.23) aus der zweiten Hälfte des 12. Jahrhunderts. Hier sind die Christussymbole bereits einer mehrfigurigen Reliefdarstellung gewichen. Christus, Engel, Heilige und Stifter schmücken das Bogenfeld.[4]

Am Anfang war das Bildprogramm der Tympana mit Christus oder Christussymbolen verbunden, entsprechend dem Gedanken, dass der Erlöser das "Ostium", der Eingang zur Kirche war; nur durch dieses konnte man zu Gott gelangen. Das Tympanonportal in dieser Form ist eine ostkirchliche mittelalterliche Neuschöpfung, die die antike Architektur nicht kannte.

Auf dem Zweiten Internationalen Symposium Georgischer Kunst 1977 in Tbilissi habe ich einen Vortrag über georgische und deutsche mittelalterliche Portale, ihre tektonischen und

---

[4] Neubauer, E., *Die romanischen skulptierten Bogenfelder in Sachsen und Thüringen*, Berlin, 1972, S. 147-150, Abb. 100.

ornamentalen Merkmale gehalten.[5] Mit dem mir zur Verfügung stehenden reichen Material habe ich dargelegt, dass sowohl die einfachsten als auch die komipliziertesten Formen von Einfassungen und Umrahmungen des Kirchenportals und die Bildprogramme der Tympana sehr ähnlich sind. In der Zwischenzeit habe ich weitere entsprechende Beispiele gesammelt, hier möchte ich nur ein recht ungewöhnliches Thema erwähnen: einen Mann mit Pfeil und Bogen, der auf ein Tier schießt, wie ich es an der Kathedrale von Oschki (historische georgische Provinz, heute Türkei) auf einem Bogenfeld des 10. Jahrhunderts[6] und in Deutschland, in Naumburg, Domherrenkurie, auf zwei Fragmenten eines Tympanons des 12. Jahrhunderts gefunden habe.[7]

---

[5] Neubauer, E., „Untersuchungen zur deutschen und georgischen Portalarchitektur des Mittelalters", *II. Internationales Symposium zur georgischen Kunst 24-31/5/1977* (russ. u. dt. Ausgaben).
[6] Foto von Dr. B. Baumgartner, Zwettl, Österreich.
[7] Anm. 5, S. 178-80, Abb. 128a-b.

Meine Untersuchungen zu Portal und Tympanon führten zu folgenden Feststellungen:

1. Alle wesentlichen Portalglieder blieben ihrer Formgebung nach in Georgien und Armenien vom frühen Mittelalter bis ins 12 Jahrhundert relativ unverändert. Es gab keinen wesentlichen Wandel

2. Fast alle strukturellen Elemente der Einfassungen und Umrahmungen georgischer und deutscher Portale sind ähnlich

3. Das Verhältnis zwischen der Größe des Gesamtbaukörpers und dem Portal ist ähnlich.

4. Die proportionalen Beziehungen und die Art der Kommunikation zwischen Portal und Fassade sind sich ähnlich.

5. Das Portal erscheint immer wie eine eigenständige, in sich abgeschlossene ästhetische Einheit.

6. Die Tympana ähneln sich hinsichtlich ihrer Größe, ihrer Einrahmung und ihres Bildprogramms.

Angesichts so vieler wesentlicher Übereinstimmungen und der Tatsache, dass skulptierte Tympana in Verbindung mit einem Kirchenportal nur in Georgien und Armenien vorkommen, in den anderen frühchristlichen Ländern aber unbekannt sind, stellt sich die Frage: Übten georgische und armenische künstlerische Entwürfe für Kirchenportal und Tympanon Vorbild gebenden Einfluss auf zentraleuropäische Architekten jener Zeit aus oder haben wir es hier lediglich mit einem Fall erstaunlicher Parallelentwicklung zu tun?

Neben dem Portal eignet sich ein zweiter sehr wichtiger Teil des Baus als Schmuckträger: die Fassade. Eines der ältesten Beispiele dafür ist die Ostfassade der Dshwari- (Kreuz-) Kirche in Mzcheta in Georgien aus der Zeit um 600. Drei

Platten mit figürlichen Flachreliefs schmücken die Außenwand der Apsis: Christus mit den Stiftern der Kirche (Abb.24). Eine vierte Platte befindet sich an der Südfassade. Die Platten haben Rahmungen wie Bilder und treten nicht aus der Wand hervor, sondern sind in sie integriert. Dieser viel versprechende Anfang wurde durch 200 Jahre Araberherrschaft unterbrochen, die alle Bauaktivitäten zum Erliegen brachte. Umso spektakulärer ist die Kirche des Hl. Kreuzes in Achtamar (Abb.25) in der großarmenischen historischen Provinz Vaspurakan.[8] Zwischen 915 und 921 erbaut, ist sie berühmt für ihren reichen Bauschmuck, der nun in fünf Reihen vom Sockel bis zum Giebel um das ganze Bauwerk führt.

Viele Kunstwissenschaftler betonen die islamischen und sassanidischen Quellen, während Sirarpie Der Nersessian in einer überzeugenden Analyse auf georgische und armenische

---

[8] Der Nersessian, S., *Aght`amar: Church of the Holy Cross*, Cambridge, Mass., 1965.

Traditionen des 7. Jahrhunderts verweist: an die Flachreliefs der Kirchen von Mren in Armenien und Dshwari in Georgien. Wie bei Mren und Dshwari sind die Reliefs von Achtamar nicht wirklich als Flachrelief herausgearbeitet, sondern nur durch linearen Steinschnitt auf ihrer Oberfläche geformt. Es gibt jedoch einen bisher unerwähnt gebliebenen entscheidenden Unterschied: Zum ersten Mal treten schlanke Figuren aus der Wandfläche hervor. Sie sind ohne einen sie isolierenden Rahmen. Dieser Monumentalstil der Bauplastik blieb nicht ohne Einfluss auf die nachfolgende Entwicklung der mittelalterlichen europäischen Bauplastik. Heinrich Glück schrieb schon 1923 in „Christliche Kunst der Ostens" über Achtamar: „Diese Art hat aber auch bereits früher auf den byzantinischen Kreis und das Abendland übergegriffen und zum Teil dazu beigetragen, den byzantinischen Monumentalstil über den Bilderstreit hinwegzuretten."[9]

F. W. Deichmann sah in dem üppigen Ornamentband mit Weinblättern und menschlichen Figuren von Achtamar ein erstaunliches Vorspiel der romanischen Bauplastik.[10] Meiner Meinung nach kommt Deichmanns richtiger Beobachtung jedoch eine entwicklungsgeschichtlich untergeordnete Bedeutung zu. Das weitaus wichtigste Vorspiel des romanischen Stils muss in den großen, einzeln stehenden frontalen Figuren gesehen werden: Christus, Seraphim, Stifter an der Westfassade, David und Goliath an der Südfassade (Abb.26), vier Evangelisten in den Giebeln. Kein Rahmen engt diese Gestalten ein. Der Grundriss der Kirche

---

[9] Glück, H., *Die christliche Kunst des Ostens*, Berlin, 1923, S. 38.
[10] Deichmann, F. W., „Sirarpie Der Nersessian – Aght`amar: Church of the Holy Cross" (Rezension), *Byzantinische Zeitschrift*, 61, 1966, S. 102-4; Deichmann, F. W., „Zur Bedeutung der Außenarchitektur im Transkaukasischen Kirchenbau", *IV. Internationales Symposium zur Georgischen Kunst*, Tbilisi, 1983, S. 6-7 (Analyse der Westfassade der Kirche des Hl. Kreuzes in Achtamar).

mit ihren Außenwänden, die durch Nischen und polygonale Bauteile gegliedert sind, unterstützt noch die Isolierung der Figuren. Es kommt zu einer einzigartigen Harmonie zwischen Baukörper und Bauplastik. Der Seraph auf einem kleinen Wandabschnitt wirkt wie eine Ikone, doch zeichnen sich alle Figuren durch eine lebendige Sinnlichkeit aus, die ein Nachhall spätantiken Kunstschaffens ist.

In der Mitte des 10. Jahrhunderts erscheinen große monumentale Figuren an der Kathedrale von Oschki (Abb.27) in der historischen Region Tao, heute Türkei. An der südlichen Wand des Querschiffs findet sich eine Komposition von drei ikonenartigen Figuren: Christus, Johannes und ein Stifter. Maria und ein weiterer Stifter gehörten zur ursprünglichen Fassung. Hier ist die spätantike Sinnlichkeit bereits spürbar zurück- gegangen, die Isolierung der Figur und die Verblockung der Form haben sich dagegen verstärkt. Jede Figur hat ihren eigenen monolithischen Block. Es existieren noch Spuren einer ursprünglich farbigen Fassung.

Ich möchte meinem georgischen Kollegen Wachtang Djobadse widersprechen, der sich an Konstantinopler Elfenbeinarbeiten des 10. Jahrhunderts erinnert fühlt.[11] Meiner Meinung nach gibt es keinerlei ernsthafte Beziehung zwischen der Elfenbeinschnitzkunst und der monumentalen Steinplastik, auch nicht wie gelegentlich konstatiert zwischen Grabes- und Bauskulptur. Dieser monumentale Stil in Oschki, die Figuren sind 1,5 m hoch, erinnert eher an die Flachreliefs von Achtamar, die ikonenhafte Körperhaltung und die Einbeziehung von Stiftern sind spezifische Merkmale. Möglicherweise gab es noch mehr verbindende Bauten zwischen Achtamar und Oschki, da ein großer Denkmälerschwund anzunehmen ist. Vielleicht spielte auch ein zweiter zeitgenössischer Einfluss aus dem

---

[11] Djobadse, W., „The donor reliefs and the date of the church at Oški", *Byzantinische Zeitschrift*, 69, 1976, S. 41.

byzantinischen Westen eine nicht unerhebliche Rolle. Im 10. Jahrhundert fanden nämlich, in Marmor oder Stein geschnitten, so genannte Reliefikonen in der byzantinischen Hauptstadt Konstantinopel sowie in Ravenna und Venedig weite Verbreitung. Ihr monumentaler Stil hatte keine Tradition in den byzantinischen Steinschnittarbeiten. Eher erinnert er an den ostkirchlichen monumentalen Figurenstil, zumal Reliefikonen in Konstantinopel auch die Außenwände von Kirchen schmückten. Zwei Beispiele von Reliefikonen des späten 11. Jahrhunderts sind die Orans in Ravenna, S. Maria in Porto, und die Verkündigung an Maria in Venedig, SS. Giovanni e Paolo[12] (Abb28). Den Quellen nach lässt sich die Verwendung von Reliefikonen für das gesamte 11. Jahrhundert nachweisen, wenngleich das meiste Material im Laufe der Zeit leider verloren ging.

---

[12] Lange, R., *Die byzantinische Reliefikone*, Recklinghausen, 1964, S. 51, 54-55, Abb. 5 u. 8.

Die Idee monumentaler Bauplastik gewann auch in den frühromanischen Gebieten in Deutschland und Frankreich seit dem 11.Jahrhundert zunehmend an Raum. In ihren bedeutendsten Städten, wie Regensburg und Toulouse, haben sich wichtige Zeugnisse erhalten. St. Emmeram in Regensburg war im frühen Mittelalter eines der bedeutendsten Klöster Europas.[13] Sein Doppelnischenportal ist das älteste deutsche Kirchenportal mit einem Bildprogramm aus der Mitte des 11. Jahrhunderts.

Drei monumentale Figuren von ca. 1 m Höhe (ohne Suppedaneum), Christus (Abb.29), St. Emmeram und St. Dionysius, huldigen einem lokalen Kult. Die ursprünglich farbige Fassung ist

[13] Hearn, M. F., *Romanesque sculpture, the revival of monumental stone sculpture in the 11th and 12th centuries,* Oxford, 1981, S. 57; Lorenz, G., *Das Doppelnischenportal von St. Emmeram in Regensburg*, Frankfurt, 1984; *Ausstellungskatalog Ratisbona Sacra. Das Bistum Regensburg im Mittelalter. Ausstellung anlässlich des 1250jährigen Jubiläums der kanonischen Errichtung des Bistums Regensburg durch Bonifatius 739-1989. Diozesanmuseum Obermünster Regensburg, Emmeramsplatz 1, 2. Juni bis 1. Oktober 1989*, Zürich, 1989, S. 25.

noch zu erkennen. Kunstwissenschaftler haben versucht, diese Reliefs von Elfenbeinschnitzereien und Goldschmiedearbeiten abzuleiten; doch meiner Meinung nach hält dieser stilistische Vergleich nicht stand. Die Figur Christi ist von hoher Qualität – es ist kaum vorstellbar, dass seine konzentrierte Monumentalität, seine Verblockung der Form ohne Kenntnis des weit verbreiteten monumentalen Baustils in den byzantinischen Gebieten und den ostchristlichen Ländern geschaffen wurde. Auch ikonographisch folgt die Verbindung von Christus, zwei Heiligen und einem Stifter am Portal östlichen Traditionen. Die Figur unterhalb Christi im Medaillon ist Abt Reginward.

In Südfrankreich, in Toulouse, finden wir in einer der größten Pilgerkirchen Westeuropas die bekannten Arkadenreliefs von St. Sernin aus dem Ende des 11. Jahrhunderts (Abb.30). Sie gehören zu den frühesten Kunstwerken einer bedeutenden örtlichen Steinmetzenschule. Sieben Ganzfiguren, jede auf einem monolithischen Block, haben sich bis heute erhalten. Ihr ursprünglicher Platz war wohl der Innenraum der Apsis. Selbst hier sahen Kunstwissenschaftler die Inspirationsquellen im Elfenbeinschnitt, in Goldschmiedearbeiten, in der Wand- oder Buchmalerei. Doch eine solche Zuordnung überzeugt nicht. Willibald Sauerländer erklärt diese Arbeiten als den Beginn einer neuen realistischen Darstellungsweise an einem Wendepunkt der mittelalterlichen Kultur.[14] Zutreffend ist die Einschätzung als Neubeginn für die Bauplastik Mittel- und Westeuropas. Doch diese Feststellung bleibt sehr allgemein, da die Frage möglicher Quellen nicht zur Sprache kommt. Stellten diese Kunstwerke tatsächlich etwas absolut Neues dar? War den Steinmetzen unbekannt, dass es bereits seit langem monumentale Bauplastik in der byzantinischen

---

[14] Sauerländer, W., „M. F. Hearn: *Romanesque sculpture*" (Rezension), *The Art Bulletin*, Oxford, 1981 (1984), S. 520.

Welt und in Armenien und Georgien gab? War wirklich kein einziger Pilger unter den Tausenden von frommen Menschen, die aus den östlichen Ländern nach Santiago de Compostela reisten, der ihnen Skizzen zeigte oder ihnen mündliche Informationen zu herausragenden Kunstwerken kaukasischer Kirchen (Achtamar dürfte weit über die Grenzen Armeniens hinaus berühmt gewesen sein) oder den byzantinischen Reliefikonen in Konstantinopel gab? Lebten sie tatsächlich ohne kulturellen Kontakt mit der christlichen Welt des Ostens? Sollten sie von diesem breiten östlichen Strom der monumentalen Bauplastik angeregt worden sein, würden die Figuren von St. Emmeram in Regensburg und die Arkadenreliefs von St. Sernin in Toulouse nicht mehr isoliert, sondern in den logischen Prozess kreativer Rezeption einbezogen erscheinen. Auch das plötzliche Interesse für die lokalen spätantiken

Quellen der Bauplastik in Toulouse ließe sich so erklären.

Parallele Lösung oder Rezeption? Nachfolge eines Vorspiels der Romanik oder absolut unabhängige Neuerung? Das sind die gegensätzlichen Pole, zwischen denen wir diese für Europa bisher fremdartigen künstlerischen Äußerungen in Regensburg und Toulouse einzuordnen haben. Tatsache ist, dass sich lediglich eine ähnliche zeitgemäße Grundtendenz erkennen lässt, deren Ursprünge im ostkirchlichen Bereich zu suchen sind. Aber die Denkmäler von Regensburg und Toulouse sind geniale einzigartige Schöpfungen talentierter Meister. Das Gesamtphänomen des westeuropäischen und des östlichen Kunstverständnisses ist bei aller möglichen gegenseitigen Beeinflussung auch jeweils bodenständig. In Europa ist der romanische Stil nicht homogen, sondern besteht aus regional eigenständigen Formen in Italien, Spanien, Frankreich und

Deutschland. Seine Entwicklung folgt jedoch insgesamt einem internationalen Prozess der Reduzierung spätantiker Sinnlichkeit so wie dies auch in den östlichen ehemaligen Grenzländern des Römischen Reiches der Fall war. Mitunter wurde der neue Stil durch ein spirituelles Wesen der Kunst und eine Verblockung der Formen charakterisiert. Der monumentale bauplastische Stil – erstmals nachweisbar an Zeugnissen in Georgien und Armenien – erhielt eine internationale Dimension, er verbreitete sich über byzantinisches Gebiet, Alt-Russland und berührte auch Mittel- und Westeuropa.

Mögliche Wege, um Ideen weiterzuverbreiten, waren Bauskizzen, Wiedergabe aus dem Gedächtnis, mündliche Überlieferung. Zentrum des kulturellen Austausches zwischen Ost und West war in jenen Tagen hauptsächlich Konstantinopel. Der Handel zwischen Orient und

Okzident, Pilgerstraßen[15] und die Kreuzzüge, das alles brachte Menschen aus fernen Regionen in Kontakt miteinander. Kirchenkonzile, dynastische Beziehungen, Kriege, Seefahrt, ein nie abreißender Strom von Emigranten besonders aus Armenien – alle diese Faktoren wirkten als Katalysatoren.[16] Analysiert man einige der erhaltenen Beispiele aus den kaukasischen Ländern und Westeuropa, so ist es nahe liegend anzunehmen, dass es zwischen diesen christlichen Gebieten kulturelle Beziehungen gab. Das Thema wird daher nach wie vor ein faszinierendes Feld für die weitere detaillierte Forschung bleiben.

Dieser Beitrag ist die deutsche, überarbeitete Fassung meines anlässlich der 10th Anniversary Conference of the International Association for

---

[15] von Saucken, P. C. (Hrsg.), *Santiago de Compostela. Pilgerwege.* Augsburg, 1998; von Saucken, P. C. (Hrsg.), *Pilgerziele der Christenheit. Jerusalem, Rom, Santiago de Compostela.* München, 2000.
[16] Neubauer, E., „Zu den Beziehungen zwischen der kaukasischen mittelalterlichen Baukunst und der mitteleuropäischen Romanik", *Stil und Gesellschaft*, Fundus-Bücher 89-90, Dresden, 1984, S. 303-317.

Armenian Studies, London 1993 in englischer Sprache gehaltenen Vortrages **New Reflections on Caucasian, Byzantine and European Medieval Architectural Sculpture.**

Nachtrag: Am 28.März 2007 wurde die Heilig-Kreuz-Kirche in Achtamar nach jahrelanger Restaurierung durch die Türkei in einer feierlichen Veranstaltung im Beisein von Journalisten aus aller Welt der Öffentlichkeit als Museum übergeben.

Literaturverzeichnis

Das nachstehende Verzeichnis ist eine Zusammenstellung von ausgewählten Publikationen der Autorin, die sich auf die in den drei Vorträgen angesprochenen Themen beziehen.

Dissertation B: Zur mittelalterlichen kaukasischen und europäischen Bauplastik und Portalarchitektur und zu den Beziehungen zwischen armenischer, georgischer und europäischer Kunst des Mittelalters. Manuskript 1976

Armenische Baukunst vom 4. bis 14. Jahrhundert. Dresden 1970, 58 S., 61 Abb.

Altgeorgische Baukunst. Leipzig, Wien, München 1976, 245 S. (Tschechische Ausgabe: Gruzie – Od bajne Kolchidy po dnesek. Praha 1981, 200 S.)

Beridse, W., Neubauer, E..: Die Baukunst des Mittelalters in Georgien. Berlin, Wien, München 1981, 251 S.

Nachruf für G.N.Tschubinaschwili. In: Bildende Kunst 10. 1973, S.516

Zur Entstehung und Wirkung altgeorgischer Baukunst. In: 100 Jahre Kunstwissenschaft in Leipzig. Karl-Marx-Universität 1975, S. 134-139

In memoriam G.N. Tschubinaschwili. Exkurse zur Architektur des Mittelalters in Georgien. In: Beiträge zur byzantinischen und osteuropäischen Kunst des Mittelalters. In: Berliner Byzantinische Arbeiten 1977, Band 46, S.1-17

Untersuchungen zur deutschen und georgischen Portalarchitektur des Mittelalters. II. Internationales

Symposium zur georgischen Kunst 24.-31.5.1977.
Sonderdrucke in russisch und deutsch

Aspects of origine and its influence of the old georgian architecture. In: Atti del primo simposio internazionale sull arte Georgiana. (Bergamo 28-30 Giugno 1974.) Milano1977, S. 235-242

Abchasische Architektur im Spannungsfeld zwischen Georgien und Byzanz 6.-11.Jahrhundert. In: Wissenschaftliche Zeitschrift der Martin-Luther-Universität Halle-Wittenberg, Sonderband 1978

G.N.Tschubinaschwili - Portrait eines Kunstwissenschaftlers. In: Sonderband der Karl-Marx-Universität Leipzig 1981

Die Dschwari-Kirche in Mzcheta in der deutschen und französischen Literatur. In: Georgica. Wissenschaftliche Zeitschrift der Friedrich Schiller Universiät Jena 1981

Die kaukasische frühmittelalterliche Basilika. Regionale Sonderentwicklungen in Armenien und Georgien . In: Georgica. Wissenschaftliche Zeitschrift der Friedrich-Schiller-Universität Jena 1982

Zu den Beziehungen zwischen der kaukasischen mittelalterlichen Baukunst und der mitteleuropäischen Romanik. .In: Stil und Gesellschaft. Fundus-Bücher 89'90, Dresden 1984, S.303-317

Neubauer, E., Badstübner, E.: Architektur und Bauplastik der Erlöserkirche in Zromi – Versuch einer kunstgeschichtlichen Einordnung. In: Georgica 13'14, 1990-91, S. 115 -125

Abb. 1: Georg Tschubinaschwili

Abb. 2: Wachtang Beridse

Abb. 3: Georgien, Mzcheta, Dschwari-Kirche, 586-605

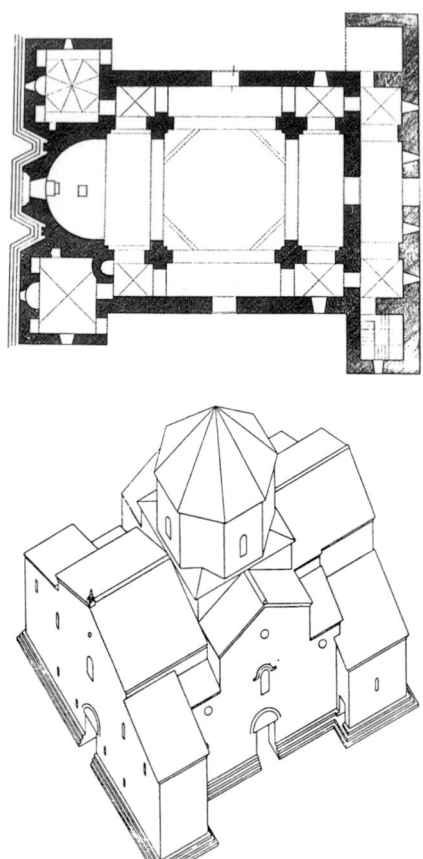

Abb. 4: Georgien, Zromi, Erlöserkirche, 626-634,
Grundriss und Rekonstruktion

Abb. 5: Georgien, Mzcheta, Sweti Zchoweli, 1010-1029

Abb. 6: Georgien, Gelati, Kloster, Gottesmutterkirche,
Apsis, Mosaik der Gottesmutter Hodegetria,
1125-1130

Abb.7: Georgien, Kutaisi, Museum,
　　　 Metallikone aus Mozameta, Geburt Christi,
　　　 um 1100

Abb.8: Sizilien, Palermo, Chiesa della Martorana,
Mosaikikone, Geburt Christi, um 1150

104

Abb. 9: Georgien, Gelati, Kloster, Gottesmutterkirche,
Nordkapelle, Wandmalerei, Geburt Christi, 17. Jh.

Abb. 10: Armenien, Jerewan, Matenadaran,
Evangeliar von Etschmiadsin, Anbetung der
Magier, um 600

Abb. 11: Armenien, Jerewan, Matenadaran,
        Evangeliar von Mughni, Geburt Christi, 11.Jh.

Abb. 12: Berlin, Staatsbibliothek, Mindener Sakramentar,
Geburt Christi, 1.Hälfte des 11. Jahrhunderts

108

Abb. 13: Köln, Schnütgen-Museum, Elfenbeintäfelchen,
Geburt Christi, um 1150-1170

Abb. 14: Armenien, Jerewan, Matenadaran,
         Evangeliar von Malatya, Geburt Christi,
         Maler Toros Roslin, 1268

Abb. 15: Armenien, Jerewan, Matenadaran,
           Bibel des Malers Awag, Geburt Christi 1314

Abb. 16: Israel, Jerusalem, Armenisches Patriarchat,
Bibel des Malers Awag, Geburt Christi,
1. Hälfte des 14. Jahrhunderts

Abb.17: Armenien, Jerewan, Matenadaran,
Evangeliar des Malers Vardan,
Anbetung der Könige,1319/20

Abb.18: Armenien, Matenadaran, Evangeliar der Königin
Mariun, Maler Sargis Pidzak,
Geburt Christi, 1346

Abb. 19: Tschechien, Prag Nationalgalerie,
　　　　 Meister des Hohenfurther Passionszyklus,
　　　　 Geburt Christi, um 1350

Abb.20: Armenien, Jerewan, Matenadaran,
         Bebilderte Lesung zur biblischen Schrift,
         Anbetung der Magier, um 1460

Abb.21: Armenien, Ereruik, Basilika, westliches
Südportal, Ende 5./ Anfang 6.Jahrhundert

Abb.22: Georgien, Zromi, Erlöserkirche,
Tympanon des Westportals,7.Jahrhundert

Abb.23: Deutschland, Landsberg bei Halle,
Doppelkapelle, Tympanon,
2.Hälfte des 12. Jahrhunderts

Abb. 24: Georgien, Mzcheta, Dschwari-Kirche, Apsis,
mittlere Reliefplatte, Christus mit dem Stifter
Stephanos I., um 600

Abb. 25: Armenien, historische Provinz Vaspurakan,
       heute Türkei, Achtamar,
       Kirche des heiligen Kreuzes, zwischen 915-921

Abb. 26: Armenien, historische Provinz Vaspurakan,
heute Türkei, Achtamar, Kirche des heiligen
Kreuzes, Relief David und Goliath, 915-921

Abb. 27: Geogien, historische Provinz Tao, heute Türkei,
Oschki, Kathedrale, südliches Querschiff,
Relief mit drei Figuren, Mitte 10. Jahrhundert

Abb. 28: Italien, Venedig, SS.Giovanni e Paolo ,
Relief der Verkündigung, an Maria,
spätes 11. Jahrhundert

Abb. 29: Deutschland, Regensburg, St. Emmeram,
Doppelnischenportal, Christus-Relief,
Mitte 11. Jahrhundert

Abb.30: Frankreich, Toulouse, St. Sernin,
Arkadenrelief, Christus mit den
Evangelistensymbolen, Ende 11.Jahrhundert